LV

4

THEO SUNDERMEIER

Südafrikanische Passion

Linolschnitte von Azariah Mbatha

LUTHER-VERLAG BIELEFELD
AUSSAAT VERLAG WUPPERTAL

ISBN 3 7858 0211 0 Luther-Verlag, Bielefeld
ISBN 3 7615 0244 3 Aussaat Verlag, Wuppertal

Fotos: Dietrich Hans Teuffen
Satz und Druck: Buchdruckerei G. Meiners, Schwelm
Einband: Klemme & Bleimund, Bielefeld
Printed in Germany

Erlösendes Leiden

Es ist ein Leiden in der Weise, wie Christus gelitten hat. Christus wurde Mensch und litt, um Menschen von der Sünde der Knechtschaft zu befreien.

Es ist ein Leiden, welches sein Ziel nicht in sich selber hat, sondern es wird auf sich genommen im Kampf um die Befreiung anderer.

Dieses Leiden basiert auf der Liebe zum Nächsten.
Es bedeutet, Macht über sich selbst zu haben, so leiden zu können, daß andere dadurch frei werden.
Die Macht, Leiden in diesem Sinne zu ertragen, resultiert aus der tiefen Entschlossenheit, das Ziel zu verwirklichen, das jenseits des Leidens liegt.

Die erlösende Kraft solchen Leidens versetzt in die Lage, eigene Interessen hintanzustellen, um den Interessen und der Sicherheit anderer zu dienen.

Die Artikulation eigenen Leidens und fremden Leidens ist der Beginn der erlösenden Leidensphase.
Persönliches Leiden in einer solchen Phase ist wie ein Fenster, durch das man in einer existentiellen Weise des Leidens anderer gewahr wird.

Manas Buthelezi

Das Werk des Azariah Mbatha

Kunst ist eine Form der Kommunikation. Kunstwerke, die nichts vermitteln, die weder etwas aussagen, noch verstanden werden, zu denen der Betrachter in keine Beziehung treten kann, sind sinnlos.
Afrikanische Kunst ist im afrikanischen Kulturraum entstanden und wendet sich an die Menschen, die in Afrika ihre Heimat haben, in Afrika ihr Lebensgefühl zum Ausdruck bringen und ihr Menschsein verwirklichen. Will ein Europäer afrikanische Kunst verstehen, so muß er sich die Mühe machen, diese afrikanische Kultur als Ganzes zu verstehen. In ihr gab es noch keine Trennung zwischen Religion und Leben, zwischen dem Einzelnen und der Gemeinschaft, zwischen Haus und Arbeitsstelle, zwischen Kunst und Handwerk. Kunst ist ein Teil der Stammeskultur. Sie ist nicht Exzeptionelles, und der Künstler lebt in den traditionellen afrikanischen Gesellschaften nicht außerhalb des normalen Lebens, wie es bei uns der Fall ist. Den einsamen Künstler gibt es nicht.

Das Afrikanische

Die Kunst hat in Afrika wie überall etwas Spielerisches, aber viel mehr als bei uns hat sie dort eine Funktion im Leben des Dorfes und der Gemeinschaft zu erfüllen. Sie muß „funktionieren". Das Werk muß verständlich sein und sich in Symbolen ausdrücken, die allgemein geläufig sind. Nicht das Außergewöhnliche gilt als gut, sondern das Anerkannte, das Typische, das im bekannten Rahmen Vollkommene. Das Außergewöhnliche gilt als gefährlich, Individualismus zerstört die Gemeinschaft, „l'art pour l'art" ist undenkbar. Mit einem vom abendländischen Individualismus geprägten Vorverständnis dürfen wir nicht an afrikanische Kunst herantreten und darum nicht nach dem einmaligen Kunstwerk suchen, sondern nach dem Besseren im Rahmen des bestehenden Musters.
In Afrika lernt der Künstler durch Imitation. Bei uns kann der Bildhauer eine Zeichnung anfertiten, ein Modell entwerfen, er kann es verändern und verbessern. Ehe er an die endgültige Arbeit geht, steht der Entwurf schon vollkommen da. Das ist in Afrika nicht möglich. Der Lehrmeister gibt dem Schüler ein fertiges Stück und läßt es ihn nachmachen. Er selbst, der Meister, steht noch im Lernprozeß. Hat er einmal etwa eine gelungene Maske fertiggestellt, wird er sie noch einmal machen und dabei noch mehr Vollkommenheit zu erreichen suchen. Wiederholung ist darum nicht Mangel an Originalität, sondern Weg zur Vollkommenheit.
Doch was sind die Maßstäbe der Vollkommenheit? Was gilt in Afrika als schön? Als Afrikaner einmal gebeten wurden, aus einer Reihe von Masken die herauszugreifen, die sie als die

schönsten bezeichnen würden, griffen sie fast immer diejenigen heraus, die der europäische Sachverständige im stillen auch als die gelungensten bezeichnet hatte. Gefragt, warum sie diese ausgewählt hätten, gaben sie erstaunlich gleichlautende Antworten: Es wurden die Symmetrie, das innere Gleichgewicht hervorgehoben, die Sanftmut der Bearbeitung und schließlich die „Kühle" der Gesamtkomposition.

Diese Kühle ist wichtig. Was wir an afrikanischer Kunst, den Masken zum Beispiel, oft für gefühlsgeladen, wild und ausdrucksstark halten, wird entweder so nicht empfunden oder als schlecht abgetan. Die Steifheit, die gesammelte abstrakte Komposition erhält großes Lob, weil sie innere Sammlung ausstrahlt, weil sie „kühl" ist. Afrikanisches Lebensgefühl und afrikanische Weisheit kommen hier zum Ausdruck. „Kühl sein" ist ein ästhetisches und ein moralisches Urteil zugleich. Wer kühl ist, ist besonnen, ist weise, er kann Emotionen beherrschen. Das wird durchgängig in Afrika als hohe Tugend gewertet. Inhalt und Form, innere Haltung und äußeres Auftreten müssen auch in Afrika übereinstimmen.

Stilmittel

Azariah Mbathas Bilder strahlen diese Kühle aus. Seine Bilder sind streng, nirgends ist zuviel dargestellt. Emotionen sind auf seinen Bildern abwesend, und gerade darin erweisen sie sich dem afrikanischen Erbe verpflichtet.

In der darstellenden Kunst sind in aller Welt die Gerade, das Dreieck, das Viereck und der Kreis die wichtigsten Formelemente. Das gilt auch für Afrika, wenn dort auch eine andere Gewichtsverteilung festzustellen ist. Der Halbkreis, der Rundhütte des Bantu-Dorfes nachempfunden, ist die Grundform, die bevorzugt gebraucht wird und die auch in fast allen Bildern Mbathas wiederzufinden ist. Ob der Halbkreis ein Teil des Kreises oder Teil einer Spirale ist, kann gefragt werden, ist aber kein echter Gegensatz. Der in seinem Radius wachsende Kreis, wie er im Schneckenhaus und allen wachsenden Organismen, zum Beispiel im Baumstamm, sichtbar wird, findet sich ebenfalls in allen afrikanischen Kunstformen. Geborgenheit und Wachstum kommen in dieser Grundform deutlich zum Ausdruck.

Die sich wiederholende Kreisbewegung weist auf ein zweites Stilmittel hin, das in besonderem Maße typisch ist für Afrika, und eben damit auch für Mbatha: die Wiederholung. Der Europäer, der nach Abwechslung verlangt, mag das langweilig finden, in Afrika dagegen ist die Wiederholung ein Mittel, das Stetigkeit, Sicherheit und Verläßlichkeit ausdrückt. Indem ich das schon Dagewesene wiederhole, bestärke ich das Leben, betone ich die Einheit in der Vielfalt. Durch die Wiederholung entsteht die Spannung in einem Bild, es wird rhythmisiert. Rhythmus aber, schreibt Leopold Senghor, „ist die Architektur des Seins; die innere Dynamik, die ihm Form gibt, ist der reine Ausdruck der Lebens-

kraft“. Azariah Mbathas Bild „Die Bergpredigt“ verdeutlicht das Gemeinte.
Die Landschaft ist in der traditionellen afrikanischen Kunst abwesend. Im Zentrum steht der Mensch. Das gilt auch für die Kunstwerke, die sich in reiner Ornamentik erschöpfen. Denn alle Ornamente, alle afrikanischen Symbole sind dem Menschen verbunden, sie repräsentieren ihn oder zielen auf ihn hin. Das Gesetz der Analogie liegt der afrikanischen Symbolbildung zugrunde: der Mensch ist in allem präsent. Um ihn, den angstverwirrten, glückheischenden, um seine Existenz kämpfenden Menschen geht es. Sein Leben wird gedeutet, dargestellt, seine Kraft verstärkt, und was ihn bedroht, wird gebannt.

Zeitgenossenschaft

Azariah Mbatha wurde 1941 im Zululand in Südafrika geboren. 1961 verließ er die Mittelschule und arbeitete als Angestellter in einem Büro. Als er an Tuberkulose erkrankte, wurde er in ein Missionskrankenhaus eingeliefert, wo ihn der schwedische Missionar Govenius zum Kunstschaffen anregte. Im Jahre 1963 siedelte er nach Rorkes Drift über und besuchte die dortige Kunstschule der schwedischen Mission. Er wurde ihr erster einheimischer Lehrer. Seine Bilder sind in verschiedenen internationalen Ausstellungen ausgestellt, große Museen haben Werke von ihm gekauft. Er hat verschiedene Kunstpreise erhalten.
Sein Lebenslauf unterscheidet Mbatha stark von seinen Kollegen im traditionellen Afrika: er hat eine Ausbildung genossen, hat europäische Ausbilder gehabt und verschiedene Techniken kennengelernt. Daß er bei alledem in hohem Maße dem afrikanischen Erbe verpflichtet blieb und sich in traditionellen Stilmitteln ausdrückt, wurde oben gezeigt. Und dennoch hat er sich zugleich weit vom afrikanischen Erbe fortbewegt. Er stellt Bilder her, die man verkaufen kann, die man an Wänden aufhängt, die keine Funktion im Kultus haben und keinen handwerklichen Nutzwert besitzen. Vor allem aber unterscheidet ihn, daß er bewußt Zeitgenosse ist, sich in gewisser Weise dem zeitlosen Denken Afrikas entfremdet hat, die Probleme seiner Umgebung durchleidet und in sein bildnerisches Schaffen hineinnimmt. Mbatha ist Südafrikaner. Das impliziert für einen Schwarzen sehr viel. Schwarzer Südafrikaner sein heißt: jeden Tag diskriminiert werden, der Willkür der Polizei und der weißen Herren ausgesetzt sein. Es ist ein Leben der Angst und des sich Anpassens an widrige Lebensumstände.
Die angebliche Pressefreiheit Südafrikas besteht nicht für den Schwarzen. Er hat keine andere Möglichkeit, sein Leiden zu artikulieren als durch die Kunst. So hat sich in Südafrika so etwas wie eine Protestkunst, eine „township art“ entwickelt, die ihren Zorn hinausschreit in die Welt. Mbatha hat sich dem nicht angeschlossen. Seine Bilder bleiben verhalten, die Emotionen werden nicht artikuliert, seine Bilder wecken keine Leidenschaften. Sie verharren in der „Kühle“, die die Hitze des Tages zwar kennt, ihr

aber keinen beherrschenden Raum mehr einräumt. Es ist die Kühle, die Schmerz lindert und das Leiden heilt. Seine Bilder sind in jener besonnenen Atmosphäre gestaltet, die die Wahrheit sagen kann, ohne daß sie verletzt, die Fehler aufzeigen kann, weil der Weg zu ihrer Überwindung schon beschritten ist. Kühlsein steht in vielen afrikanischen Sprachen für „Frieden haben". Azariah Mbathas Bilder dienen dem Frieden.

Das Kernproblem aller Probleme Südafrikas ist die Rassenfrage. Mbatha thematisiert dieses Problem nur selten direkt, aber oft ist es durch bildnerische Mittel indirekt angedeutet: Die Soldaten des Herodes, die ausgezogen sind, das Jesuskind zu töten, sind weiß; Jesus aber, seine Eltern, der Engel und die Einwohner Bethlehems sind schwarz. – David ist der schwarze Kämpfer, Goliath aber ist weiß. Themen der Schwarzen Theologie, etwa Christus auf der Seite der Armen und Unterdrückten, klingen in solchen Bildern an, die Mbatha allerdings gestaltet hat, als es diesen Begriff in Südafrika noch nicht gab. Christus wird in solchen Bildern in die Reihen der Unterprivilegierten zurückgeholt. Er leidet mit den Leidenden und gesellt sich zu denen, die verfolgt werden. Die Schwächen der amerikanischen Schwarzen Theologie, die alle Sünde allein bei den Weißen sucht, werden vermieden. Auf dem Bild „Jesus vor Pilatus" sind es zwei Gruppen, die gemeinsam den Tod Jesu wollen, die Gruppe der schwarzen Israeliten und die der weißen Priester. Alle zusammen schreien sie: „Kreuzige ihn!" Jesus aber stirbt für beide, sein Gesicht ist schwarz und weiß zugleich. Keine Gruppe kann ihn für sich allein beanspruchen, denn er starb für alle, für die Sünder und für die Gerechten. Er wurde Mensch, den Schwarzen ein Schwarzer und den Weißen ein Weißer, und versöhnte beide in ihm selber. Er ruft beide unter sein Kreuz, in seine Nachfolge, wo das Gesetz der Hautfarbe und der Rassenzugehörigkeit überwunden ist. Mbatha gestaltet das südafrikanische Rassenproblem aus der Perspektive der Versöhnung.

Verkündigung

Die letzten Sätze zeigen, wie stark Mbatha seine Bilder als Christ gestaltet. Ganz ohne Frage predigt Mbatha in seinen Bildern. Er tut es auf unmittelbare, naive Weise. Auch darin ist er Afrikaner, die Trennung von weltlichem und religiösem Lebensbereich kennt er nicht. Die große Kluft zwischen Kirche und Kunst, zwischen ästhetischem und religiösem Leben, zwischen Kultur und Christentum, die viele Künstler christlicher, besonders protestantischer Prägung in tiefste Schaffenskrisen führte, ist nicht erkennbar. Das Kreuz ruft in der Kunst Mbathas keine Scheidung hervor, wie so oft in der abendländischen Geistesgeschichte, sondern es verbindet. Es integriert widerstrebende Kräfte, es ist schöpferisch.

Im Schaffen Mbathas wirkt sich das so aus, daß er verkündigen kann, ohne daß darunter sein Künstlertum leidet. Die Kunst bekommt wieder

eine Funktion. Wie im Mittelalter dient sie einem größeren Ziel. Sie wiederholt die Geschichte der Bibel in bildnerischer Form, ohne in reine Illustration abzugleiten.
Azariah Mbathas Bilder erzählen. Sie erzählen das Leben des heutigen Menschen, sein Leiden, seine Verzweiflung, seine Hoffnung, aber sie tun es so, daß sie in die Form der biblischen Geschichten gekleidet werden. Die Ängste des Menschen werden nicht direkt dargestellt, gleichsam als ein Abstraktum, sondern werden in Bewegung umgesetzt. Sie nehmen Gestalt an. „Die legitimste Form theologischen Redens vom Alten Testament ist immer noch die Nacherzählung", sagt Gerhard von Rad in seiner Theologie des Alten Testaments. Mbatha erzählt die Geschichten der Bibel nach, doch so, daß die Distanz zwischen dem Damals und dem Heute aufgehoben ist. Die Welt der Bibel ist die Welt der Zulu: Biblische Soldaten werden Zulukrieger, Ninive ist ein Häuptlingskral, Maria trägt die Haube der verheirateten Zulufrau. Indem Mbatha die Geschichte der Bibel erzählt, erzählt er von seinen Landsleuten. Die biblischen Geschichten sind ihm Erinnerungshilfen an die eigene afrikanische Vergangenheit. Die alttestamentlichen Gestalten haben archetypischen Charakter und werden in sehr einfachen, ergreifenden Begriffen reproduziert.
Wie es auf Mbathas Bildern keine perspektivische Vertiefung gibt — altes afrikanisches Erbe —, so ist auch die Zeitdimension überwunden. Alles ist gleichzeitig. Indem sich der Afrikaner in den Vätergeschichten der biblischen Urzeit wiedererkennt, wird sein eigener Weg deutlicher, wird der notwendige Schritt zu neuer Bewußtseinsbildung getan, erfährt das Leiden erste Linderung. Im Modell der Vätergeschichten eröffnet sich eine neue Dimension: die eigene Geschichte findet Anerkennung, das eigene Erleben wird in die Geschichte Gottes hineingenommen und damit seiner Sinnlosigkeit entrissen. Mbatha ist Südafrikaner, Zululand ist für ihn die Welt der Bibel. Das ist keine Flucht, keine Regression in mythische Vergangenheit, sondern ein Atemholen des Menschen, der Zuspruch braucht, um die beschwerliche Gegenwart bewältigen, und Orientierungshilfe, um die Schritte in die Zukunft gehen zu können.
Azariah Mbathas Bilder sind tröstliche Bilder. Sie verschleiern nicht die harte Wirklichkeit, sie sind aber sub specie aeternitatis geschrieben. Sie teilen uns etwas mit über die Situation der Menschen in Südafrika und sprechen zugleich davon, daß die Passion, das Leiden der Afrikaner in Christi Leiden schon aufgehoben ist. Sie sind Auslegung der Bibel und des Menschen in einem. So können sie uns auf vergessene Aspekte der biblischen Geschichten aufmerksam machen und laden uns zugleich ein, rassistisches Denken zu überwinden, kulturelle Vorurteile abzubauen, Versöhnung zu leben.

Gott, der Schöpfer alles Lebens

Und Gott sprach: Sehet da,
ich habe euch gegeben
alle Pflanzen, die Samen bringen,
auf der ganzen Erde,
und alle Bäume mit Früchten,
die Samen bringen, zu eurer Speise.
Aber allen Tieren auf Erden
und allen Vögeln unter dem Himmel
und allem Gewürm,
das auf Erden lebt,
habe ich alles grüne Kraut
zur Nahrung gegeben.
Und es geschah so.
Und Gott sah an alles,
was er gemacht hatte,
und siehe, es war sehr gut.

1. Mose 1, 29–31

Das Bild könnte in einer Kinderbibel abgedruckt werden, so liebenswert poetisch ist es. Die Engel, Sonne, Mond und Sterne und alle Tiere sind versammelt, die Giraffe, der Elefant, Schafe und Affen und, als wichtigstes für den Zulu, der Stier. Doch das Bild geht in dieser Harmonie nicht auf. Es hat eine weitere Dimension. „Nkulunkulu" ist ein Gottesname der Zulu. Gott ist der „Uralte". Er wohnt über der Welt. Die Mauern des Thronsaales reichen bis tief in die Welt hinein. Sie trennen die Wasser vom Land und umgeben das Zentrum der Schöpfung, den Stier, mit einer Schutzmauer. Das Rind symbolisiert in Afrika das Leben schlechthin. Gott hat das Leben geschaffen, starkes, gutes, verläßliches Leben. Die Lebensmöglichkeiten sind vorhanden, nun kann der Mensch erschaffen werden. Doch nur solange er nicht da ist, herrscht Friede, ungetrübte Harmonie zwischen Schöpfer und Geschöpf. Als der Mensch auf die Erde kam, so lauten viele afrikanische Schöpfungsmythen, ärgerte er Gott durch seinen Ungehorsam so sehr, daß er, der bis dahin ganz in der Nähe des Menschen wohnte, sich in unendliche Fernen des Himmels zurückzog. Auch nach der biblischen Erzählung war es der Mensch, der den Frieden der Schöpfung zerstört und den Tod in die Welt gebracht hat.

Baum des Lebens, Baum des Todes

Ihr werdet keineswegs des Todes
sterben, sondern Gott weiß:
an dem Tage, da ihr davon esset,
werden eure Augen aufgetan,
und ihr werdet sein wie Gott
und wissen, was gut und böse ist.
Und das Weib sah,
daß von dem Baum gut zu essen
wäre und daß er eine Lust
für die Augen wäre und verlockend,
weil er klug machte.
Und sie nahm von der Frucht und aß
und gab ihrem Mann,
der bei ihr war, auch davon,
und er aß.
Da wurden ihnen beiden
die Augen aufgetan.

1. Mose 3, 4–7

„Nimm Gott aus dem All: so ist alles vernichtet, jede höhere geistige Freude, jede Liebe, und nur der Wunsch eines geistigen Selbstmordes bliebe übrig, und nur der Teufel und das Tier könnten noch zu existieren verlangen", sagt Jean Paul. Gott ist auf diesem Bild abwesend. Die beiden Menschen, die die Frucht vom Baum des Lebens pflücken, der schon zum dürren Todesbaum vertrocknet ist, nehmen sich mit dieser Tat das Leben. Sie bleiben mit dem Bösen allein. Noch ist der Verführer nicht die Schlange, die er nach Gottes Fluch sein wird. Seine zukünftige Gestalt ist nur in seinem Arm zeichenhaft angedeutet, sein wirkliches Wesen kann nur an seiner Hand abgelesen werden. Der Böse ist Mensch und Tier zugleich, wie denn jeder Mensch und jedes Tier Anlaß zur Verführung werden kann. Der Böse trägt eine Maske, die die Macht des gefährlichen Geistes zugleich bannt wie enthüllt. Das Böse kommt nach afrikanischer Auffassung nicht einfach aus dem menschlichen Herzen, sondern wird immer auch als eine von außen kommende Macht verstanden. Sie ist Verführung des Herzens und Übermacht zugleich. Ohne Gott ist der Mensch ihr hilflos ausgeliefert.

Der Neubeginn der Menschheit

Und Gott sprach:
Das ist das Zeichen des Bundes,
den ich geschlossen habe
zwischen mir und euch
und allem lebendigen Getier
bei euch auf ewig:
Meinen Bogen habe ich in die
Wolken gesetzt; der soll das
Zeichen sein des Bundes
zwischen mir und der Erde.

1. Mose 9, 12 und 13

Auf Bildern europäischer Kunst ist Noah verschiedentlich allein vor der Arche dargestellt: den Neuanfang auf der verwüsteten Erde muß er allein schaffen. Nicht so bei Mbatha. Unter und über dem Friedensbogen sind alle versammelt: die vergangenen Geschlechter, die jetzt lebenden Stammväter der Menschheit (die drei Söhne Noahs tragen das Stirnband der Könige) und ihre zahlreichen Nachkommen. Wo der Mensch opfert, betet und Gelübde tut, da handelt er in Gemeinschaft. Die Wolke der Zeugen ist über ihm, Familien und Nachbarn umgeben ihn, denn nur in der Gemeinschaft und als Gemeinschaft kann man gesegnet werden, nur in Gemeinschaft Mensch sein. Afrikanisches Lebensgefühl drückt sich hier aus. Gottes Hoffnungszeichen, sein Verheißungswort bindet die Menschen zusammen. Der Neuanfang der Menschheit kann nur ein Beginn auf Hoffnung sein.

Der einzige Sohn wird geopfert

Da hob Abraham seine Augen auf
und sah einen Widder hinter sich
in der Hecke mit seinen Hörnern
hängen und ging hin
und nahm den Widder
und opferte ihn zum Brandopfer
an seines Sohnes Statt.

1. Mose 22, 13

„Einmal war es so: der Mensch verstand nur wenig, aber das Wenige bewegte ihn tief. Heute versteht er viel, aber es bewegt ihn nicht oder nur oberflächlich." Dieser Satz Sören Kierkegaards ist auf Mbathas Kunst anwendbar. Er ist bewegt von den biblischen Geschichten und möchte, daß sie auch den Betrachter bewegen. Darum schmückt er die Erzählungen nur selten aus. Er beschränkt sich auf das Wenige: der Engel zeigt auf den Widder, den Abraham an Stelle seines einzigen Sohnes opfern soll. Mehr wird nicht wiedergegeben, und doch ist das Wichtigste erzählt, der Hinweis auf das Lamm Gottes, auf den einzigen Sohn, den Gott um der Menschen willen nicht verschonte, sondern aus Liebe für alle in den Tod gab.

Die Tür zu einer neuen Heimat

Und ihm träumte, und siehe,
eine Leiter stand auf Erden,
die rührte mit der Spitze
an den Himmel, und siehe,
die Engel Gottes stiegen daran auf
und nieder.
Und der Herr stand oben darauf
und sprach: Ich bin der Herr . . .,
ich bin mit dir und will dich behüten,
wo du hinziehst . . .

1. Mose 28, 12–15

„Ausgesetzt auf den Bergen des Herzens. Steingrund unter den Händen . . ." Auf wen trifft Rilkes Beschreibung menschlicher Existenz besser zu als auf Jakob, den Flüchtigen, der seinen blinden Vater belogen und seinen Bruder betrogen hat, der ein Haus gewinnen wollte und dafür die Heimatlosigkeit erbte? Doch nun schläft er unter freiem Himmel, und der Himmel öffnet sich. Gott hat den Flüchtling gefunden, die Tür zu einer neuen Heimat tut sich auf. Die Engel zeigen den Weg zu Gott. Nun wird das kleine Bild zum Zeugnis unendlicher Geborgenheit: „Du erfreust mein Herz . . . Ich liege und schlafe ganz mit Frieden, denn du allein, Herr, hilfst mir, daß ich sicher wohne" (Psalm 4, 8 und 9).

Von allen Seiten umgibst du mich

Und der Engel des Herrn erschien
ihm in einer feurigen Flamme
aus dem Dornbusch. Und er sah,
daß der Busch im Feuer brannte
und doch nicht verzehrt wurde.
Da sprach er: Ich will hingehen
und die wundersame Erscheinung
besehen, warum der Busch nicht
verbrennt. Als aber der Herr sah,
daß er hinging, um zu sehen,
rief Gott ihn aus dem Busch
und sprach: Mose, Mose!
Er antwortete: Hier bin ich.
Gott sprach: Tritt nicht herzu,
zieh deine Schuhe von deinen
Füßen: denn der Ort, darauf du
stehst, ist heiliges Land!

2. Mose 3, 2–5

Mose, der Hirte der Schafe seines Schwiegervaters, wird von Gott gerufen. Er nähert sich dem brennenden Busch, seine Schuhe hat er ausgezogen und zur Seite gestellt. Das ist eine Form der Ehrfurcht und Höflichkeit, wie sie vielfach in Asien und Afrika geübt wird. Jeder Ort, da Gott dem Menschen begegnet, ist heilig. Barfuß (in Europa: barhäuptig) nähert man sich ihm. Gott ist im Dornbusch gegenwärtig, doch Gottes Gegenwart kann man nicht aus der Distanz wahrnehmen. Wer sich ihrer anbetend bewußt wird, erlebt: „Von allen Seiten umgibst Du mich." – Mose erfährt Gott. Der Dornbusch wird zum Ahnenbaum. Die Väter sind nicht tot. Denn Gott ist nicht ein Gott der Toten, „ihm leben sie alle" (Lukas 20, 38). Keins ihrer Gebete ist vergebens gewesen. Nun, da sich Gott dem Mose offenbart, sind sie erhört. Der Dornbusch wird zum Kreuzesstamm: mit den Weinenden weint Gott selbst, und die Leiden der Unterdrückten nimmt er auf sich. Mag Pharao kalt das Schlangenwunder für nichtig erklären (oben links), Mose hat Gott erfahren. Der Dornbusch wird zum Lebensbaum, da Gott durch seine Gegenwart Leben aus dem Tode, Freiheit im Sklavenhaus schafft.

Der Weg, der in die Freiheit führt

So sah Israel die mächtige Hand, mit der der Herr an den Ägyptern gehandelt hatte.
Und das Volk fürchtete den Herrn, und sie glaubten ihm und seinem Knecht Mose.

2. Mose 14, 31

Nach rabbinischer Tradition war es im Frühlingsmonat, als Israel aus Ägypten auszog. Ein Spaziergang war der Weg in die Freiheit nicht. Es ist ein Weg durch die Tiefe, der nur dem Rettung bringt, der sich geführt weiß; den anderen ist es ein Weg ins Verderben. Noch jedes Volk in Afrika, das unter der Kolonialherrschaft litt, hat sich in Israel, dem Volk im Sklavenhause, wiedererkannt. Darum ist eine Darstellung des Auszugs für den südafrikanischen Künstler ein Gebet: Herr, wann wird auch mein Volk ausziehen und die ersten Schritte in die Freiheit tun können? Wann kommt der Mose meines Volkes, der uns den Weg in die Freiheit führt?

Der Tanz um das goldene Kalb

Da riß alles Volk sich die goldenen
Ohrringe von den Ohren
und brachte sie zu Aaron.
Und er nahm sie von ihren Händen
und bildete das Gold in einer Form
und machte ein gegossenes Kalb ...
Und sie standen früh am Morgen
auf und opferten ...
Danach setzte sich das Volk,
um zu essen und zu trinken,
und sie standen auf,
um ihre Lust zu treiben.

2. Mose 32, 3–6

Welch ein feierlicher Tanz! So gemessen, so würdig und zugleich so voll innerer Beteiligung können nur Afrikaner tanzen. Man meint, einen Königsreigen vor sich zu haben. Und dennoch, welche Lüge zugleich. Der wohlgestaltete Körper und der schlanke, demütig gebogene Hals des Tierbildes können nicht darüber hinwegtäuschen, daß die Menschen eine Ziege umtanzen. Der Tanz um das goldene Kalb ist ein Tanz um eine Ziege! Einen Stier zu umtanzen wäre in Afrika noch sinnvoll, denn das Leben, das er repräsentiert, kommt von Gott und muß bewahrt, gepflegt und vermehrt werden. Der Tanz um das „Leben" würde in Afrika kaum als Abgötterei empfunden werden, doch der Tanz um eine Ziege legt die ganze Perversion bloß, die jeder Abgötterei zugrunde liegt, in welch ästhetisch schönes kultisches Gewand sie sich auch immer kleiden mag.

Der Mantel des Propheten Elia

Siehe, da kam ein feuriger Wagen
mit feurigen Rossen, die schieden
die beiden voneinander.
Und Elia fuhr im Wetter gen Himmel.
Elisa aber sah es und schrie:
Mein Vater, mein Vater,
du Wagen Israels und sein Gespann!
und sah ihn nicht mehr.
Da faßte er seine Kleider,
zerriß sie in zwei Stücke und hob
den Mantel auf, der Elia entfallen
war.

2. Könige 2, 11 und 12

Die Aufregung ist vollkommen. Der Hase duckt sich ins Laub, trompetend richtet sich der Elefant auf, die Schildkröte fällt auf den Rücken, die Krähe stößt krächzende Schreie aus, und erschreckt flattern die Waldvögel auf. Dem Afrikaner ist das Jenseits viel näher als dem Europäer und die Grenze zwischen dem Sichtbaren und Unsichtbaren fließender. Bricht die Transzendenz jedoch mit solcher Gewalt herein und reißt einen Menschen aus dieser Welt heraus, dann ist das Grund genug, sich zu entsetzen. Elisa fängt den Prophetenmantel, das Unterpfand seiner Geistbegabung, noch auf, aber aufhalten kann er den väterlichen Freund nicht. Auch Elisa ist erregt. Wo immer das Heilige sich so gewaltig darstellt, da ist es ein „fascinans et tremendum" (Rudolf Otto), da zieht es Mensch und Natur in seinen Bann und läßt sie erzittern.

Nicht durch Heer oder Kraft

Und er antwortete und sprach zu mir:
Das ist das Wort des Herrn:
Es soll nicht durch Heer oder Kraft,
sondern durch meinen Geist
geschehen, spricht der Herr
Zebaoth.
Wer bist du, du großer Berg,
der du doch zur Ebene werden
mußt?

Sacharja 4, 6 und 7

Eine schwarze Masse dringt tief ins Bildgeschehen ein. Die weißen Soldaten fliehen, denn ihr stärkster Mann ist enthauptet, ihre beste Waffe vernichtet. Israel, das Volk Gottes ist schwarz, die Philister sind weiß. Ein politisches Bild? Aufruf zum Widerstand oder Wunschtraum eines unterdrückten schwarzen südafrikanischen Künstlers? Azariah Mbatha wehrt sich gegen eine solche Interpretation. Dennoch weiß auch er, daß es seine Erfahrungen in Südafrika sind, die er hier darstellt: Die Philister sind das Bild eines unterdrückerischen Herrenvolkes, und in den Leiden Israels sind die Leiden der Schwarzen Südafrikas erkennbar. Gott ist nicht auf der Seite der Starken, sondern bei denen, die ihm vertrauen, wie schwach sie auch sein mögen.

Gebet im Abgrund der Angst

Da riefen sie zu dem Herrn
und sprachen: Ach, Herr, laß uns
nicht verderben um des Lebens
dieses Mannes willen und rechne
uns nicht unschuldiges Blut zu;
denn du, Herr, tust, wie dir's gefällt.
Und sie nahmen Jona
und warfen ihn ins Meer.

Jona 1, 14 und 15

Jona, das ist die Geschichte eines afrikanischen Predigers: In seinem Heimatkral wird er berufen, einfache Fischerhäuser sind die Hafenstadt Joppe, wo er sich einschifft. Afrikanische Ruderer sind die Bootsbesatzung, und Ninive, die große sündige Stadt, ist ein Häuptlingskral irgendwo in Afrika, vielleicht im Zululand. Mit dem Kopf zuerst verschlingt der Fisch den ungehorsamen Prediger, der noch Wanderstab und -tasche in den Händen hält, und mit dem Kopf zuerst wird er ans Land gespien. Dazwischen findet in der Tiefe des Meeres die „Umkehr" statt, die Bekehrung. Die Gebetshaltung zeigt die Wende an. Im Abgrund der Angst lernt Jona das Beten. Als einer, der umkehrte, predigt er die Umkehr. So einfach ist das Geschehen, aber es ist letztlich die Geschichte eines jeden Predigers.

Leben, das den Tod überwindet

Aber der Herr
ließ einen großen Fisch kommen,
Jona zu verschlingen.
Und Jona war im Leibe des Fisches
drei Tage und drei Nächte.
Und Jona betete zu dem Herrn,
seinem Gott, im Leibe des Fisches
und sprach: Ich rief zu dem Herrn
in meiner Angst,
und er antwortete mir.
Ich schrie aus dem Rachen des
Todes, und du hörtest meine
Stimme.

Jona 2, 1–3

Die „Naivität" der Schilderung des vorhergehenden Bildes hat einer komplizierten Komposition aus Linie und Form Platz gemacht. Nun geht es nicht mehr einfach um die „Bekehrungsgeschichte eines afrikanischen Predigers", der Kampf von Mensch und Untier ist zum Symbol von Leben und Tod, vom Leben aus dem Tod, von Jesu Tod und Auferstehung geworden. Dreimal ist der Fisch zu sehen, der Todesrachen ist weit geöffnet. In Leinentücher gebunden liegt unten der Verschlungene wie in einem Grab. Des Grabes Tür ist aber schon geöffnet. Schwarze und weiße Menschen: die Menschheit wartet auf das Leben dessen, der drei Tage im Tode blieb, der als der Überwinder des Todes das Leben und unvergängliches Wesen ans Licht gebracht hat und als der Erhöhte verkündet: Ich bin bei euch. Das Chaos ist gebändigt, es wird von dem Prediger beherrscht, dessen Antlitz die Spuren der Finsternis noch trägt, der nun aber Licht und Frieden um sich verbreitet.

Das Wort, das der Hölle standhält

Und der Herr sprach zu dem Fisch,
und der spie Jona aus ans Land.
Und es geschah das Wort des Herrn
zum zweitenmal zu Jona:
Mach dich auf, geh in die große
Stadt Ninive und predige ihr,
was ich dir sage!
Da machte sich Jona auf und ging
nach Ninive, wie der Herr gesagt
hatte . . .
Und als Jona anfing,
in die Stadt hineinzugehen . . .
predigte er und sprach:
Es sind noch vierzig Tage,
so wird Ninive untergehen.

Jona 2, 11; 3, 1–4

Noch einmal die Geschichte des Jona. Wie oft hat Mbatha sie dargestellt! Diesmal in letzter Vereinfachung. Alles ist auf eine Aussage hin konzentriert. Der Fisch wird zur Kanzel. Hatte man nicht im Mittelalter verschiedentlich die Kanzeln in Fischform geschnitzt? Mbatha weiß das nicht, will aber dasselbe sagen: Nur der kann ein Prediger sein, der durch die Tiefe des Abgrunds gegangen ist. Das Wort des Predigers kann und darf nicht leichtfertig gesprochenes Wort sein, es muß den Anfechtungen der Hölle standgehalten haben. Seine Rede, die Leben wirken soll, muß dem Tode abgerungen sein. Jona ist Prediger wider Willen. Gott verherrlicht sich durch das Gegenbild seiner selbst, den feigen, fahnenflüchtigen Menschen. Darum ist Predigt nicht Information, sondern „Lob aus der Tiefe", die Kanzel kein Katheder, kein Informationsstand, kein einfaches Rednerpult, wie es viele in der Welt gibt, sondern das Maul des Fisches, das sich auf Gottes Gebot hin auftut und den Prediger in die Freiheit der zeugnishaften Rede entläßt. Die Predigt hat es mit Leben und Tod zu tun. Das macht die ungeheuerliche Form der Kanzel ein für allemal deutlich.

Das Wunder der Geburt des Kindes

Denn uns ist ein Kind geboren,
ein Sohn ist uns gegeben,
und die Herrschaft ruht auf seiner
Schulter; und er heißt Wunder-Rat,
Gott-Held, Ewig-Vater, Friede-Fürst;
auf daß seine Herrschaft groß
werde und des Friedens kein Ende
auf dem Thron Davids
und in seinem Königreich.

Jesaja 9, 5 und 6

Christtag, Freudentag. Löwe und Elefant, König und Krieger, Stier und Gazelle – alle sind aufgebrochen, das Wunder der Geburt des Kindes zu feiern. Sie tragen Blumen herbei, sie tanzen und springen. Christ ist im afrikanischen Busch geboren. Seine Geburt ist der Beginn der Erlösung der Menschen. In den beiden oberen Bildhälften ist das dargestellt: die Verkündigung an die Hirten und die Botschaft an die Jünger bei der Taufe Jesu. Aber die Geburt Christi ist noch mehr: sie ist auch der Beginn der Erlösung des Kosmos, der Tierwelt. Die Schrecken des Urwaldes verwandeln sich in die Freuden des wiedergewonnenen Paradieses. Der Jubel ist grenzenlos. „Freude, Freude über Freude, Christus wehret allem Leide!“

Das Geheimnis von Macht und Ohnmacht

Und sie kamen eilend und fanden
beide, Maria und Joseph,
dazu das Kind in der Krippe liegen.
Da sie es aber gesehen hatten,
breiteten sie das Wort aus,
welches zu ihnen von diesem Kinde
gesagt war.

Lukas 2, 16 und 17

Mbatha versteht die Kunst der Reduzierung. Der überquellende Jubeltanz der Tiere hat einer strengen Erzählung Platz gemacht, die nur noch das Wesentliche aussagt. Kein Lichtglanz, kein Triumphgesang, kein heller Tag, sondern dunkle Nacht. Ein Kind ist geboren. Die Ochsen rührt es nicht, doch die Männer vom Felde nähern sich in Verwunderung dem Geheimnis, das darin besteht, daß sich im Unscheinbaren das Außergewöhnliche ereignet, daß sich die Macht des Schöpfers in der Ohnmacht eines Kindes offenbart.

Gott wird im schwarzen Menschen verfolgt

Da Herodes nun sah, daß er
von den Weisen betrogen war,
ward er sehr zornig und schickte
aus und ließ alle Knäblein zu
Bethlehem töten und in der ganzen
Gegend, die da zweijährig
und darunter waren, nach der Zeit,
die er mit Fleiß
von den Weisen erkundet hatte.

Matthäus 2, 16

In einer der Lokationen Südafrikas, zum Beispiel in Soweto, der Vorstadt Johannesburgs, wird Gott Mensch, und hier wird er im schwarzen Kind, im schwarzen Menschen verfolgt. In den langen Reihen der elenden Lokationshäuser erheben die Menschen ihre Hände und schreien um Hilfe gegen die weißen Gewaltherrscher. Gott hört diesen Ruf, er bleibt nicht fern. Gott kommt zu den Schwarzen und wird einer von ihnen. Er ist nicht der Gott der Weißen und Mächtigen, sondern der Gott der Entrechteten, der sich mit ihnen verfolgen läßt. In Südafrika wird Gott schwarz und von einer schwarzen Mutter geboren. In jedem Kind, das seine Heimat verlassen muß, in jedem Menschen, der aufgrund seiner Hautfarbe diskriminiert wird, setzt Jesus selbst sein Leben aufs Spiel. Er leidet mit den Leidenden, er flieht mit den Fliehenden und geht doch sicher aus allem als der Sieger hervor. Eine Schwarze Theologie, die das Evangelium in die Situation der Schwarzen hinein relevant auslegen will, gibt es erst seit einigen Jahren in Südafrika. Noch ehe es diesen Begriff gab, hat Mbatha das, was sie zu sagen hat, bildnerisch dargestellt. Kunst nimmt Theologie vorweg.

Das Licht scheint denen, die im Finstern sind

Da sie aber hinweggezogen waren,
siehe, da erschien der Engel
des Herrn dem Joseph im Traum
und sprach: Stehe auf und nimm
das Kindlein und seine Mutter zu dir
und flieh nach Ägyptenland
und bleib allda, bis ich dir's sage ...
Und er stand auf und nahm das
Kindlein und seine Mutter zu sich
bei der Nacht und entwich
nach Ägyptenland.

Matthäus 2, 13 und 14

Maria und Joseph sind die ersten, die ihr Vorrecht, den Gottessohn ihr eigen nennen zu können, mit der Heimatlosigkeit bezahlen müssen. Wer Jesu Sache wählt, wählt den Weg der Fremdlingschaft. Das Dickicht der Welt wird nicht gelichtet, die Unordnung nicht einfach in Ordnung gebracht, die Mühsal der Leiden nicht aufgehoben. Und dennoch strahlt das Bild keine Hoffnungslosigkeit aus. Mbatha deutet die Hoffnung auf zweierlei Weise an. Die Sonne erstrahlt hinter dem Dickicht, und auf den Dornen erblüht eine Blume. Es ist das „Reis" aus dem Stamme Davids (Jesaja 11). Jesus, Ursache der Leiden derer, die ihm folgen, ist zugleich das Hoffnungslicht, das ihnen den Weg erhellt. Er ist der Garant dafür, daß das zukünftige Friedensreich nicht ein leerer Zukunftstraum ist, sondern daß man schon jetzt im Leiden seiner teilhaftig wird.

Wenn Jesus gibt, dann gibt er ganz

Und er spricht zu ihnen:
Schöpfet nun und bringet's dem
Speisemeister! Und sie brachten's.
Das ist das erste Zeichen,
das Jesus tat,
geschehen zu Kana in Galiläa,
und offenbarte seine Herrlichkeit.
Und seine Jünger glaubten an ihn.

Johannes 2, 8 und 11

Nur wer gehungert hat, weiß, was Sattsein bedeutet. Nur wer Not gelitten hat, kann sich am Essen wirklich freuen. Nur wer täglich sich darum mühen muß, alle Familienglieder satt zu bekommen, kann so über die Fülle der Gaben staunen, wie die Zuschauer auf diesem Bilde. Abendländische Christen suchen das Wunder auf der Hochzeit zu Kana, als über fünfhundert Liter Wasser in Wein verwandelt wurden, geistlich zu interpretieren. Nicht so der Afrikaner. Er flüchtet sich nicht in die Spiritualität. Wenn Jesus gibt, dann gibt er ganz, und das schließt das Leibliche ein. Jesus zeigt den Menschen – und sei es nur eine Momentaufnahme lang – was „Fülle des Lebens" heißt. Dabei dürfen einem die Augen übergehen. Die Jünger aber haben gelernt: Du bist die Quelle des Lebens.

Das Licht des kommenden Reiches

Da er aber das Volk sah,
ging er auf einen Berg und
setzte sich; und seine Jünger
traten zu ihm.
Und er tat seinen Mund auf
und lehrte sie... Und es begab
sich, da Jesus diese Rede
vollendet hatte, entsetzte sich das
Volk über seine Lehre;
denn er lehrte mit Vollmacht
und nicht wie ihre Schriftgelehrten.

Matthäus 5, 1, 2, 28 und 29

Dieses graphisch vielleicht reizvollste Bild Mbathas arbeitet besonders ausgeprägt mit Stilmitteln afrikanischer Kunst: Die innere Dynamik des Bildes wird durch die Wiederholung erzeugt, die Wiederholung einer Einzelheit, einer Bewegung, einer Geste. Das „Leitmotiv" ist der Halbkreis, der sich im Berg, im Baum, in den verschiedenen Gruppen der Hörer, in der Kopfform und der anbetenden Haltung der Hörer wiederholt und so das Bild rhythmisiert. Ein kuppelförmiger Berg wurde von jeher im Zululand als heiliger Ort angesehen, an dem man Gott näher ist. So kommen denn auf unserm Bild die Gläubigen zu dem Berg, nicht einfach um der Lehre zu lauschen, sondern um in Demut den Segen zu empfangen, der sie heilt und stärkt, so wie noch heute im Zululand die Anhänger christlicher Sekten zu Tausenden ihrem Propheten auf die heiligen Berge folgen, um in der Gemeinschaft geheilt zu werden. Christus ist aber nicht einfach ein sektiererischer Heilungsprophet, er ruft alle Kirchen, die ganze Menschheit zu sich, um sie mit einer schwarzen und einer weißen Hand segnend zu umfassen. Er, hinter dem das Licht des kommenden Reiches anbricht, läßt das Licht seines schwarzen und weißen Angesichts über ihnen allen scheinen und spricht: „Kommet her zu mir alle, die ihr mühselig und beladen seid, ich will euch erquicken."

Die Weinenden werden sich freuen

Als er aber nahe an das Stadttor
kam, siehe, da trug man einen
Toten heraus, der der einzige Sohn
war seiner Mutter,
und sie war eine Witwe;
und viel Volks aus der Stadt
ging mit ihr. Und da sie der Herr
sah, jammerte ihn derselben,
und er sprach zu ihr: Weine nicht!
Und trat hinzu und rührte den Sarg
an, und die Träger standen.
Und er sprach: Jüngling,
ich sage dir, stehe auf!
Und der Tote richtete sich auf
und fing an zu reden,
und er gab ihn seiner Mutter.

Lukas 7, 12–15

Mbathas Erzählkunst ist spröde und nüchtern. Sie entspricht dem Stil der Evangelisten. Jedes unnötige Beiwerk ist weggelassen, die Emotionen werden nur mit spärlichen Mitteln angedeutet. Das geschieht selbst dann, wenn es sich um ein solch tiefgreifendes Ereignis wie den Tod eines Menschen handelt. Ein paar weinende Menschen, einige Jünger, die verwundert der Szene zuschauen, das ist der Hintergrund des eigentlich zu Erzählenden: Der Herr des Lebens begegnet dem Tod. Wer wird Sieger sein? Noch ist das Wunder nicht geschehen, das Leben hat seine Macht noch nicht unter Beweis gestellt. Und dennoch deutet Mbatha sehr deutlich an, wie er den Ausgang der Erzählung verstanden haben will. Jesus ist der Mitleidende, der sich nicht davor scheut, den Toten anzurühren. Wer eine Leiche berührt, hat sich nach Auffassung afrikanischer Religionen verunreinigt und lebt in „Finsternis". Die Hand Jesu, die den Toten berührt, ist jedoch weiß! Weiß aber ist in Afrika die Farbe des Friedens, der Reinheit und der Kraft. So ist der Ausgang dieser Begegnung von Leben und Tod gewiß: Jesu Kraft wird sich dem Toten mitteilen und ihn der Finsternis entreißen. Sein Friede wird die Trauer der Weinenden in Freude verwandeln.

Die Ausgestoßenen werden eingeladen

Und der Knecht sprach:
Herr, es ist geschehen,
was du befohlen hast;
es ist aber noch Raum da.
Und der Herr sprach zu dem
Knechte: Gehe aus auf die
Landstraßen und an die Zäune
und nötige sie hereinzukommen,
auf daß mein Haus voll werde.

Lukas 14, 22 und 23

Der König rief sie, doch die Besitzverhältnisse, geschäftliche und familiäre Bindungen – das Land, das Vieh, die Ehe – ließen es nicht zu, der Einladung zu folgen. Nun schickte der König seine Botschafter auf die Straßen und Autobahnen der Welt, mit dem Schiff und dem Auto sandte er sie aus, um seine Einladung weiterzusagen. Selbst sein Sohn (oben rechts) wird zum Missionar. Die Menschen auf der Straße, die Ausgestoßenen der Gesellschaft werden eingeladen zum Kreuz, denn wer zum Kreuze Christi kommt, ist Gast an der Tafel des Königs. Das Kreuz ist das Zentrum der Tischgemeinschaft im himmlischen Reich, doch dieses Reich bildet keine „geschlossene Gesellschaft". Der Kreis ist offen, es sind noch Plätze frei. Die Einladung wird weiter ausgesprochen.

Der Verlorene wird gerettet

Aber der Vater sprach zu seinen
Knechten: Bringt schnell
das beste Kleid hervor
und tut es ihm an und gebet ihm
einen Fingerreif an seine Hand
und Schuhe an seine Füße
und bringt das Kalb,
das wir gemästet haben,
und schlachtet's;
lasset uns essen
und fröhlich sein!

Lukas 15, 22 und 23

Wie Johannes der Täufer auf dem Isenheimer Altar mit überlangem Finger auf den Gekreuzigten weist, so zeigt der heimgekehrte Sohn auf den Vater. Nicht um ihn, den verlorenen Sohn geht es im Gleichnis Jesu, sondern um den Vater, um seine Liebe allein. Sie sorgte sich um den in der Fremde am Schweinetrog vor sich hinstarrenden und verzweifelten Sohn, sie lockte ihn zurück und bekleidete ihn mit dem schönsten Gewand. Der Sohn wird zum Prediger, denn nur wer einmal ausgezogen ist, weiß, was Heimkehr bedeutet, und nur wer sich als Verlorenen erfahren hat, kann von der Rettung sprechen. Alle, die zur Kirche Christi gehören, erkennen sich im Sohn wieder und beugen sich anbetend der Macht dieser Liebe.

Wer hört die Stimme meines Flehens?

Aus der Tiefe rufe ich, Herr, zu dir.
Herr, höre meine Stimme!
Laß deine Ohren merken
auf die Stimme meines Flehens!
Wenn du, Herr, Sünden anrechnen
willst – Herr, wer wird bestehen?
Denn bei dir ist die Vergebung,
daß man dich fürchte.

Psalm 130, 1–4

Auch dieses Bild handelt vom „verlorenen Sohn", doch nun in alltäglich erfahrbarem südafrikanischen Milieu. Ein junger Mann steht vor der Schranke des Gerichts. Er ist angeklagt, ein Zeuge sagt gegen ihn aus. Er wird verurteilt werden. Die Frau (oder ist es seine Mutter?) verliert den Ernährer. Tief gebeugt von Leid und Schmerz wehrt sie sich gegen die Not, sie bäumt sich gegen das Schicksal auf. Sie will zu ihm, dem Verlorenen. Sie ruft um Hilfe, sie schreit. Doch so laut sie auch in das Sprachrohr ruft, es kommt keine Verbindung zu dem Verurteilten zustande. Der Telephondraht erreicht ihn nicht. Aber ohne daß sie es weiß, hat einer den Hörer am Ohr. Einer hört sehr aufmerksam zu. Keins ihrer Worte entgeht ihm. Er, dessen Name lautet „Helfer der Witwen und Waisen", ist nahe.

Der Tod, der unseren Tod umschließt

Und sie führten das Füllen zu Jesus
und legten ihre Kleider darauf,
und er setzte sich darauf.
Viele aber breiteten ihre Kleider
auf den Weg, andere aber
grüne Zweige, die sie auf den
Feldern abgehauen hatten.
Und die vorangingen und die
nachfolgten, schrieen und sprachen:
Hosianna! Gelobt sei, der da
kommt in dem Namen des Herrn!
Gelobt sei das Reich unseres Vaters
David, das da kommt!
Hosianna in der Höhe!

Markus 11, 7–10

Christus ist der Mittelpunkt jeder der vier Szenen, die hier dargestellt sind: Links beteuert Petrus lauthals, daß er Jesus nie verraten werde; rechts erkennt man die schlafenden Jünger, die mit ihrem Meister in Gethsemane nicht wachen können; aus den Toren des afrikanischen Jerusalem strömen die Massen, um den Friedenskönig, der auf dem Esel reitet, jubelnd zu empfangen; um den Abendmahlstisch sind elf Jünger versammelt. Doch auch Judas ist noch präsent. Im Tod des Selbstmörders, in der Mitte der Tafel, kann man ihn erkennen. So schuldig Judas am Tode seines Meisters ist, Jesu Kreuzestod (auf der Tafel links angedeutet) gilt auch ihm. Im Abendmahl wird die vergebende Kraft des Todes Jesu den Jüngern mitgeteilt, auch dem Petrus, und stärkt ihn, sich dahin führen zu lassen, wohin er nicht gehen wollte, in den Tod des Märtyrers. Nach der Überlieferung wurde Petrus mit dem Kopf nach unten gekreuzigt, was auf der rechten Tafelseite dargestellt ist. Das Abendmahl ist eine Feier, die nach den Worten des Apostel Paulus den Tod Jesu verkündet und präsent macht. Dieser Tod umschließt auch unsern Tod, den Tod des Verräters wie den des Gehorsamen, den des Ungläubigen wie den des Jüngers.

Der Verrat wird mit einem Kuß besiegelt

Als er aber noch redete,
da kam die Schar;
und einer von den Zwölfen,
der mit dem Namen Judas,
ging vor ihnen her und nahte sich
zu Jesus, ihn zu küssen.
Jesus aber sprach zu ihm:
Judas, verrätst du des Menschen
Sohn mit einem Kuß?

Lukas 22, 47 und 48

Mit Schwertern, Stangen und Gewehren sind sie ausgezogen, Jesus zu fangen. Judas zeigt auf ihn mit einem langen Finger. Befriedigt lehnt sich die Schlange auf seinem Haupt zurück. Das große Werk der Verführung, im Paradies begonnen, hat seinen Höhepunkt erreicht. Der Kuß besiegelt den Verrat. Entsetzt flattern die Nachttiere auf. Jesus aber, der eine wahre Mensch, nimmt diesen Kuß hin. Er trägt die Last aller Menschen. Schwarz und Weiß sind in gleicher Weise Verräter, und ihrer aller Schuld nimmt er mit sich auf sein Kreuz. In einem alten Beichtgebet heißt es: „Ich bin deine Sünde. Du bist meine Gerechtigkeit." Das wird auf diesem Bild vom Judaskuß dargestellt.

Des Menschen Leiden sind Jesu Leiden

Da nahm Pilatus Jesus und ließ
ihn geißeln. Und die Kriegsknechte
flochten eine Krone von Dornen
und setzten sie auf sein Haupt
und legten ihm ein Purpurkleid an,
traten zu ihm und sprachen:
Sei gegrüßt, lieber Judenkönig!
und gaben ihm Backenstreiche.

Johannes 19, 1–3

Leiden ist in den afrikanischen Religionen das Böse, es ist ein Übel, das überwunden werden muß. Durch keine religiöse Interpretation wird es überhöht. Diese Anschauung setzt sich auf Mbathas Bild noch durch. Ein Mensch wird geschlagen und gequält. Ein Gefesselter wird gefoltert. Jesu Leiden werden nicht verklärt oder verschönt. Jesus ist kein stoischer Dulder. Er hat Schmerzen, die Schläge tun weh. Im südlichen Afrika, in Südamerika, in Rußland und in vielen anderen Ländern werden heute noch Menschen gefesselt, gefoltert und brutalen Mißhandlungen ausgesetzt. Jesus weint.

Das Bild des wahren Menschen

Und Pilatus fragte ihn:
Bist du der König der Juden?
Er antwortete aber und sprach
zu ihm: Du sagst es. Und die
Hohenpriester beschuldigten ihn
hart. Pilatus aber fragte ihn
abermals und sprach:
Antwortest du nichts? Siehe, wie
hart sie dich verklagen!
Jesus aber antwortete nichts mehr,
so daß sich Pilatus verwunderte.

Markus 15, 2—5

Sie alle, das Volk, die Priester, die Römer, hatten sich von ihm ein Bild gemacht. Sie hatten ihn nach den eigenen Wunschvorstellungen gestaltet, Bild vom eigenen Bilde. Die Herrschenden wollten ihn als Hüter der Ordnung, die Hungernden als Brotgeber, die Weißen als einen, der die Sache der Bevorzugten vertritt, und die Schwarzen als einen, der die Sünde der Weißen geißelt. Doch Jesus paßt nicht in das Schema menschlicher Vorstellung. Er entspricht nicht den Bildern, die sich die Menschen von ihm machen. Darum verwerfen sie ihn. Sie leben weiter in ihren Kasten, richten weiter Schranken der Rassentrennung auf, können die Klassengegensätze nicht überwinden, doch in der Ablehnung des Christus sind sie sich einig. Er aber kam zu ihnen allen. Er trägt ihrer aller Gesicht. Er ist Herrscher und Leidender, Schwarzer und Weißer zugleich. „Ecce homo", sehet, das ist der Mensch! Wer den wahren Menschen entdecken will, muß Jesus anschauen. Wie in einem Spiegel entdeckt er hier das wahre Menschsein. Und wer mit Maria bei ihm in seinem Leiden steht, wird wahrer Mensch.

Er trug unsere Krankheit und unsere Schmerzen

Und als sie ihn hinführten,
ergriffen sie einen, Simon von
Kyrene, der vom Felde kam,
und legten das Kreuz auf ihn,
daß er's Jesus nachtrüge.
Es folgte ihm aber nach ein großer
Haufe Volks und Frauen,
die klagten und beweinten ihn.

Lukas 23, 26 und 27

Jesus von Nazareth ist kein kraftstrotzender Atlas, der auf seinen Schultern das Weltgewölbe trägt. Er ist kein frustrierter Sisyphus, der vergeblich einen Fels auf den Berg zu rollen versucht. Jesus trägt „unsere Krankheit und lädt auf sich unsere Schmerzen" (Jesaja 53, 4). Er ist kein Heros, er trägt das Kreuz. Aus des Vaters Reich kam er und „erniedrigte sich selbst" (Philipper 2, 7), zog über unsere Straßen und brach unter der Last zusammen. Als der Zusammengebrochene legt er sich uns in den Weg, damit wir ihn finden können. Als der Erniedrigte hat er gezeigt, daß nicht die Mächtigen die Freiheit heraufführen, sondern daß die Leidenden die eigentlichen Friedensstifter sind, weil alles Große seine Wurzeln im Schmerze hat.

Ein Dialog des Hörens beginnt

Da nun Jesus seine Mutter sah,
und den Jünger dabeistehen,
den er lieb hatte, spricht er zu
seiner Mutter: Weib, siehe, das ist
dein Sohn!
Danach spricht er zu seinem
Jünger: Siehe, das ist deine Mutter!
Und von der Stunde an nahm
sie der Jünger zu sich.

Johannes 19, 25–27

Rassengesetzgebung trennt die Menschen in Südafrika. Sie richtet eine undurchdringliche Mauer des Hasses zwischen ihnen auf. Christus aber vereinigt unter dem Kreuz die Menschen aller Hautfarben. Das Kreuz versöhnt. Schwarz und Weiß, die sich im sozialen Leben nicht als gleichberechtigte Partner begegnen und nur in der Haltung von Befehlenden und Befehlsempfängern miteinander umgehen, gehen aufeinander zu. Ein Dialog des Hörens beginnt. Es ist der Anfang eines neuen, gemeinsamen Lebens. Das Kreuz befreit die Menschen von Überlegenheitsgefühlen und von der Sklavenmentalität. Durch Politik getrennte Brüder finden sich wieder. Neues beginnt. Zwei Menschen kommen zusammen, Christus ist mitten unter ihnen. Die gemeinsame Ahnenkette wird dankbar anerkannt, das wahre Bild der Kirche nimmt Gestalt an.

Missionsdienst ist Dienst der Versöhnung

In allen Dingen erweisen wir uns
als Diener Gottes: in großer Geduld,
in Trübsalen, in Nöten, in Ängsten,
in Schlägen, in Gefängnissen,
in Aufruhren ... als die Traurigen,
aber allezeit fröhlich;
als die Armen, aber die doch viele
reich machen; als die nichts haben,
und doch alles haben.

2. Korinther 6, 4—10

Azariah Mbatha gehört nicht zu den Afrikanern, die alles Übel der kolonialen Vergangenheit der Mission zur Last legen. Mbatha steht mit seiner Kirche in der Tradition der Mission. Er akzeptiert, was er durch sie und mit ihr bekommen hat. Er weiß, daß Mission die Lebensform der Kirche Christi schlechthin ist. Wer, dem Missionsbefehl des Herrn gehorsam, in andere Länder zieht, geht nicht ins Exil, sondern folgt seinem Herrn, der in der Mission „das Antlitz der Erde erneuern" will (K. H. Miskotte): Das Paradies wird zeichenhaft erkennbar, wilde Tiere werden zahm, böse Mächte überwunden, Gewaltherrscher gewonnen. Mbatha erzählt die Geschichte der Mission in seinem Land. Er tut es völlig unaggressiv. Einiges hat er jedoch den Missionaren auch ins Stammbuch zu schreiben: Mission kann nur in Partnerschaft zwischen Schwarz und Weiß, zwischen sendender und empfangender Kirche geschehen. Beide sind im gleichen Boot, und nur in völliger Gemeinsamkeit können sie ihrer Aufgabe gerecht werden. Aber das heißt auch, daß der Missionar nicht als der Reiche, der Habende, der Herrschende auftritt. Das Missionarsideal wird von Franz von Assisi verwirklicht, der arm wurde, um andere reich zu machen, der Versöhnung brachte, wo Streit war, und Frieden, wo Zwietracht herrschte. Missionsdienst ist Dienst der Versöhnung.

Verzeichnis der Bilder